AF335839

Toulouse, Impr. Douladoure; Rouget frères et Delahaut, successeurs,
rue Saint-Rome, 39.

PRINCIPES ÉLÉMENTAIRES

DU

CHANT ECCLÉSIASTIQUE

PAR

UN SUPÉRIEUR DE SÉMINAIRE

Auteur de l'Essai sur la tradition du Chant ecclésiastique depuis saint Grégoire.

TOULOUSE

LIBRAIRIE RELIGIEUSE & CLASSIQUE

DEVERS-ARNAUNÉ

Rue Saint-Rome, 5.

Toulouse, le 25 mars 1869.

BIEN CHER SUPÉRIEUR,

Le résumé que vous venez de faire de votre savant Ouvrage *Essai sur la tradition du Chant ecclésiastique depuis saint Grégoire*, ne pouvait que m'être très-agréable, puisqu'il a pour but de vulgariser les principes les plus élémentaires et les plus incontestés du plain-chant. C'est donc bien volontiers que j'approuve votre travail, si clair, si méthodique, si consciencieux surtout, et que je forme des vœux sincères pour que, en facilitant de plus en plus l'étude du chant romain, il le fasse aussi mieux goûter.

En bénissant cet opuscule je tiens à féliciter et à bénir en même temps son modeste auteur; aussi m'estimé-je heureux, bien cher Supérieur, de vous renouveler ici l'assurance de mes sentiments les plus affectueux et les plus dévoués

† FL. Arch. de Toulouse.

PRÉFACE.

———

Le présent opuscule est un résumé des principes pratiques les plus essentiels, qui ont été développés dans *l'Essai sur la Tradition du chant ecclésiastique depuis saint Grégoire* (1). C'est dire qu'on en a élagué les questions scientifiques ou historiques à l'étude desquelles tous les chantres n'ont pas le loisir de se livrer.

Il eût été trop long et peut-être peu utile de citer les autorités sur lesquelles l'auteur s'est appuyé pour établir les principes qu'il a énoncés. On les trouvera au besoin dans les nombreuses

____

(1) Un vol. in-12, à la même librairie.

notes qui accompagnent son précédent travail. Il suffira de répéter : *qu'il n'y a pas un seul de ces principes qui ne soit puisé dans l'enseignement traditionnel les anciens musicologues ecclésiastiques.*

Un chapitre, qui ne pouvait trouver sa place dans *l'Essai*, a été ajouté ici. Il contient des avis aux chantres et aux organistes, et un cérémonial abrégé du chant, dont les règles ont été tirées, ainsi qu'on le verra dans les notes, la plupart du cérémonial des Évêques, des réponses de la sacrée Congrégation des Rites, des Rubriques du Missel, du Bréviaire et du Rituel, et les autres du *Directorium chori de Guidetti*. Puissent ces *Principes élémentaires* contribuer à vulgariser une étude bien nécessaire, et pourtant quelquefois peu appréciée, ou dirigée trop souvent d'après les règles arbitraires du goût personnel !

CHAPITRE PREMIER.

Sons.

1. Le *chant*, dit saint Isidore, est «une inflexion de la voix.» Les *sons*, pris individuellement en sont les éléments.

On trouve, dans les anciens auteurs, des noms différents donnés aux sons. Ainsi, les mots : *phtongus*, *vox (voix)*, *chorda (corde)*, *nota (note)*, quelquefois *tonus (ton)*, désignent d'une manière générale les sons.

DIFFÉRENCES ENTRE LES SONS. — 2. Un même son peut être émis avec plus ou moins de force. En ce cas, il varie dans son *intensité*.

Un même son peut aussi varier dans sa *qualité* ou dans son *timbre* : c'est ce qui a lieu quand il est rendu par deux instruments différents, dont, par exemple, l'un est à cordes et l'autre à vent.

3. Deux sons diffèrent par leur degré de *gravité* et d'*acuité*. On dit vulgairement qu'un son est respectivement *plus bas* ou *plus haut* qu'un autre, quand il est *plus grave* ou plus *aigu*.

INTERVALLES DES SONS. — 4. On a appelé *intervalle* la distance de deux sons, dont l'un est grave et l'autre aigu.

Quand il n'y a pas d'intervalle entre deux sons, on dit qu'ils sont à l'*unisson*.

Le plus petit intervalle des sons, généralement employés dans le chant ecclésiastique, est le *demi-ton*.

L'intervalle immédiatement plus grand que le demi-ton a été appelé *ton*.

Les autres intervalles se distinguent entre eux par le nombre de tons et de demi-tons qu'ils contiennent.

5. Les intervalles de : un demi-ton, un ton, un ton et demi, deux tons, deux tons et demi, deux tons et deux demi-tons (aujourd'hui quinte-diminuée), trois tons (ou triton), trois tons et demi, sont respectivement appelés, dans les anciens Traités de chant *semitonium, tonus, semi-ditonus, ditonus, diatessaron, semi-diapente, tritonus, diapente.*

SÉRIE DES SONS. — 6. Les sons employés dans le chant ecclésiastique sont généralement au nombre de vingt-un. Les anciens les désignaient par quelques lettres dont on retrouve les traces dans les livres de chant modernes ; on leur a donné aussi des noms particuliers. En voici la série, disposée à partir du son le plus grave : Chaque son porte son nom surmonté de sa lettre :

<pre>
                                              a b c d
Γ A B C D E F G a b c d e f g a b c d
sol la si ut re mi fa sol la si ut re mi fa sol la si ut re
</pre>

Les intervalles consécutifs des sons de cette série sont d'*un ton* ; excepté de *si* à *ut*, et de *mi* à *fa*, où l'intervalle n'est que d'*un demi-ton*.

7. Souvent, pour éviter l'intervalle de triton, on baisse d'un demi-ton la note *si* : dans ce cas, on dit que le *si* est *bémol*, et cette note est représentée par un *b* arrondi (*b rotundum*, *b molle*). Dans le cas contraire, le *si* est dit *naturel*, et il est désigné par un *b* carré : ♮ (*b quadratum*, *bécarre*).

Le *si grave* est très-rarement bémolisé.

Degrés. — Leurs intervalles. — 8. La série des sons a été comparée à une échelle ; les notes successives en sont les *degrés*. Quand les degrés se suivent immédiatement on les nomme *conjoints* ; ils sont *disjoints* dans le cas contraire.

Si, dans cette série, on prend pour point de départ une note quelconque, celle qui est immédiatement au-dessus est dite à l'intervalle de *seconde*. Ainsi, de *ré* à *mi*, de *mi* à *fa*, etc., il y a un intervalle de seconde.

La note suivante au-dessus est, par rapport à la première, à l'intervalle de *tierce*. Exemple : de *ut* à *mi*, de *ré* à *fa*, etc., il y a un intervalle de tierce.

1.

En montant successivement, on aura les intervalles de *quarte*, *quinte*, *sixte*, *septième*, *octave*, *neuvième*, etc.

Ces intervalles pourraient être appelés *supérieurs*.

Si, en partant d'une même note, on descend successivement, on a les intervalles *inférieurs* de seconde, tierce, quarte, etc.

9. Suivant le nombre de tons ou de demi-tons que renferment ces intervalles, on leur donne des qualifications particulières. La seconde d'un demi-ton s'appelle *seconde mineure*. Ex. : de *mi* à *fa* ; celle d'un ton *seconde majeure*. Ex. : de *ut* à *ré*.

La tierce renfermant un ton et demi porte le nom de *tierce mineure*. Ex. : de *ré* à *fa*.

La tierce est *majeure* quand elle renferme deux tons. Ex. : de *ut* à *mi*.

La quarte de deux tons et demi s'appelle *quarte juste*. Ex. : de *ut* à *fa* ; si elle est composée de trois tons, on la nomme *quarte augmentée* ou *triton*. Ex. : de *fa* à *si*.

La quinte de trois tons et demi s'appelle *quinte parfaite*. Ex. : de *ut* à *sol* ; si elle est de deux tons et de deux demi-tons, on la nomme *quinte diminuée*. Ex. : de *si* à *fa*.

10. Il n'est jamais permis de passer d'une note à une autre distante de la première d'un intervalle plus grand que celui de quinte ; encore même

est-il recommandé de faire rarement usage de ce dernier intervalle. Celui de seconde doit être employé plus fréquemment que tous les autres; celui de tierce peut être employé aussi, mais moins souvent; celui de quarte doit l'être moins souvent encore; celui de quinte, nous le répétons, est l'intervalle qu'on doit employer le moins. En résumé, le plain-chant doit, autant que possible, procéder par degrés conjoints.

L'intervalle de triton et celui de quinte diminuée, sont sévèrement interdits, non-seulement quand deux notes placées à cet intervalle se suivraient immédiatement, mais encore dans un même groupe de notes.

Durée des sons. — 11. Les sons doivent encore être considérés sous le rapport de l'inégalité de leur *durée*. Ils sont plus ou moins longs; mais, dans le chant ecclésiastique, leurs durées ne doivent pas être proportionnelles comme dans la musique.

12. Les *silences* ou *repos*, qui séparent certains sons, varient également dans leur durée.

Rhythme. — 13. La distribution des durées diverses des sons et des silences dans un chant constitue ce qu'on nomme le *rhythme*.

On conçoit que cette distribution ne doit pas être

arbitraire. Toutefois, le rhythme du plain-chant n'est point *mesuré* comme celui de la musique ; il est essentiellement *libre*. On a comparé le rhythme de la musique à la parole en vers, et celui du plain-chant à la parole en prose (1).

Accentuation. — 14. Enfin, il y a des sons qui dans un chant sont attaqués plus vivement que les autres. On dit, en ce cas, qu'ils sont *accentués*.

On distingue l'accent *mélodique* et l'accent *grammatical*. Le premier s'applique à certaines notes d'une mélodie ; le second, à certaines syllabes des paroles chantées.

Les règles de l'accent grammatical s'appliquent au chant qui tient principalement de la lecture ; comme celui des psaumes, des leçons, des oraisons, des capitules, etc.

Les règles de l'accent mélodique s'appliquent au chant proprement dit ; comme celui des introïts, des répons, des antiennes, etc.

(1) Voir, pour les détails, l'*Essai sur la Tradition du chant ecclésiastique*, au chapitre intitulé : *Rhythme*.

CHAPITRE II.

Notation.

Notes. — 15. Les signes employés pour représenter les sons et leurs durées portent le nom de *notes*.

Ces notes sont : 1° la *longue* ou *caudée* ▜ ;

2° La *brève* ou *commune* ▪ ;

3° La *semi-brève* ou *losange* ◆.

Dans certaines éditions l'on trouve encore : 1° la *maxime* ▪▪ ; c'est la commune doublée ;

2° La *Rhomboïde* ◆ , qui remplace la commune dans les séries de notes descendant par degrés conjoints sur une même syllabe du texte.

On dit assez communément que la brève vaut environ deux semi-brèves, que la longue en vaut trois, et que la maxime vaut deux communes. D'après plusieurs auteurs, la caudée est une note *accentuée*, et la brève une note *non accentuée* (1).

(1) La différence entre la note longue et la note accentuée, suivant le P. Kircher, consiste en ce que le son de la note longue est plus longtemps dans la bouche du chanteur, et celui de la note accentuée plus longtemps dans l'oreille de l'auditeur.

Dans certaines éditions, quand deux notes consécutives, placées sur une même syllabe du texte, sont à un intervalle plus grand que celui de seconde, on donne à l'une de ces deux notes une queue qu'on nomme *ligature*. En ce cas la caudée a la valeur d'une commune. Une telle notation n'introduit-elle pas quelque confusion, par l'impossibilité où elle laisse le chantre de distinguer si la note caudée doit être accentuée ou non? car le compositeur du chant a pu vouloir donner à une de ces deux notes l'accent qui dès-lors est indéterminé.

Portée. — 16. Pour représenter la série des différents sons, les notes sont placées sur les lignes et les interlignes d'une *portée* ou *pattée* composée ordinairement de quatre lignes droites horizontales, qu'on compte de bas en haut.

Portée.. { 4ᵉ ligne / 3ᵉ ligne / 2ᵉ ligne / 1ʳᵉ ligne

Les sons relativement les plus graves occupent la partie la plus basse de la portée.

Clefs. — 17. En fixant sur une de ces lignes la place d'une note, celles des autres notes de la série des sons se trouvent par-là même déterminées sur la portée. Un signe nommé *clef* sert à marquer ordinairement la place de l'*ut* ou celle du *fa*. La première s'appelle *clef d'ut* ; et la seconde *clef de fa*. On place la clef à l'extrémité gauche de la portée.

La clef d'*ut* peut se placer sur les quatre lignes. Celle de *fa* se place ordinairement sur la seconde ou la troisième.

On comprend par-là qu'une note, placée sur une même ligne ou sur un même interligne de la portée, aura des noms qui varieront suivant la position des clefs. Les exemples ci-après faciliteront l'intelligence de cette observation et apprendront à lire suivant les différentes clefs.

LIGNES SUPPLÉMENTAIRES. — 18. Dans les exemples qui précèdent, on voit que la portée ordinaire ne permet d'écrire que neuf notes différentes. Quand un chant en contient de plus graves ou de plus aiguës, on ajoute au-dessous ou au-dessus de la portée, pour les notes qui la dépassent, une ou plusieurs fractions de lignes supplémentaires. Il est rare toutefois qu'on en ajoute plus d'une. Dans les livres des derniers siècles, au lieu d'employer des fractions de lignes supplémentaires, on changeait la clef, quand il y avait lieu.

Exemple de l'emploi des lignes supplémentaires.

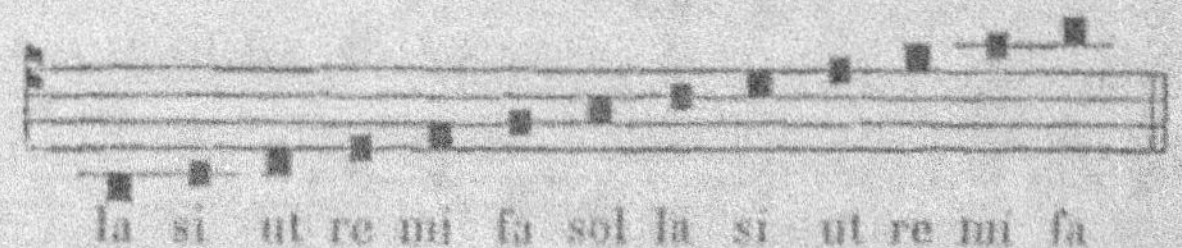

Exemple de l'emploi des changements de clef.

GUIDON. —19. Pour faciliter la lecture d'un chant, dans le passage d'une ligne à l'autre, ou dans un changement de clef, on se sert d'un signe nommé *guidon*, qui a la forme d'une demi-note caudée ✓. A la fin d'une ligne, il occupe la place de la note qui commence la ligne suivante, ainsi qu'on peut le voir dans les exemples de chant donnés à la fin du présent ouvrage. Placé avant une nouvelle clef, il indi-

que le nom et le son de la première note qui suit
cette clef, comme on le voit dans l'exemple suivant :

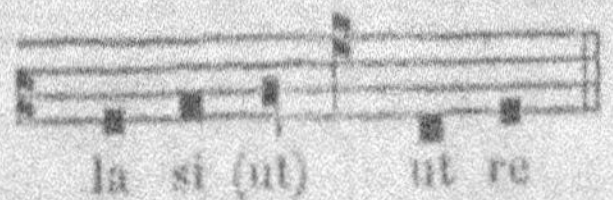

BÉMOL. — 20. Lorsque la note *si* doit être baissée
d'un demi-ton, on met un *bémol* ♭ devant cette note.
Ce signe est sur la portée à la même place qu'occupe
le *si*.

Quand le bémol est écrit après la clef d'un chant —
ce qui ne devrait jamais avoir lieu, — son effet est
de rendre plus bas d'un demi-ton tous les *si* de ce
chant.

DIÈSE. — 21. Dans certains livres, on place quelquefois avant une note le signe suivant ♯, nommé
dièse, pour indiquer que cette note doit être haussée
d'un demi-ton. Suivant l'opinion la plus généralement reçue, les anciens musiciens ecclésiastiques ne
faisaient point usage de ce demi-ton.

BÉCARRE. — 22. Le bécarre ♮ placé devant une
note affectée auparavant d'un bémol ou d'un dièse,
indique, dans nos livres modernes, qu'on doit rendre
à cette note son *intonation naturelle*, c'est-à-dire le
son qu'elle avait avant d'être baissée ou haussée
d'un demi-ton.

Exemple.

SILENCES. — 23. Les silences sont marqués par des lignes droites perpendiculaires à celles de la portée, et qui la traversent en *tout* ou en *partie*, suivant qu'elles indiquent un repos dans la mélodie, ou qu'elles servent à en détacher les dessins partiels. Ces lignes portent les noms de *barres* ou de *stanguettes*.

La stanguette double marque la fin d'un chant d'un solo, d'un chœur, ou d'une intonation.

Exemple.

Les stanguettes dans le plain-chant font à peu près l'office de la ponctuation dans le langage. Quelquefois, au lieu d'employer les petites stanguettes, on sépare les groupes de notes qu'il faut détacher.

24. On voit par-là combien est regrettable l'usage des stanguettes après chaque mot, qu'on trouve adopté dans beaucoup de livres choraux. Sous le prétexte de faire distinguer tous les mots par les chantres qui ne connaissent pas le latin, on a empêché de suivre la marche de la phrase musicale et d'en saisir le sens. Il suffisait, pour distinguer les mots, de placer un trait-d'union entre leurs syllabes.

CHAPITRE III.

Modes.

Modes de la musique. — **25**. Dans la musique, l'échelle des sons est invariablement la même, du moins quant à la place que les demi-tons y occupent. Cette place est constamment du troisième au quatrième degré et du septième au huitième.

Cette échelle, au moyen de certaines modifications qu'elle subit, et dont il est hors de propos de parler ici, donne lieu à deux modes qu'on nomme *mode majeur* et *mode mineur*.

Toutes les compositions de musique moderne roulent uniquement dans ces deux modes.

Modes du plain-chant. — **26**. Dans le plain-chant il n'y a ni mode majeur ni mode mineur. Les modes du plain-chant lui sont propres. Chacun d'eux a pour base une échelle particulière. Une seule de ces échelles est la même que l'échelle unique de la musique.

Chaque échelle du plain-chant est composée de

huit notes successives de la série des sons donnée
plus haut , et que nous reproduisons pour mémoire.

Γ A B C D E F G a b c d e f g a b c d
sol la si ut re mi fa sol la si ut re mi fa sol la si ut re

ÉCHELLES. — 27. Les échelles des huit modes
principaux sont les suivantes :

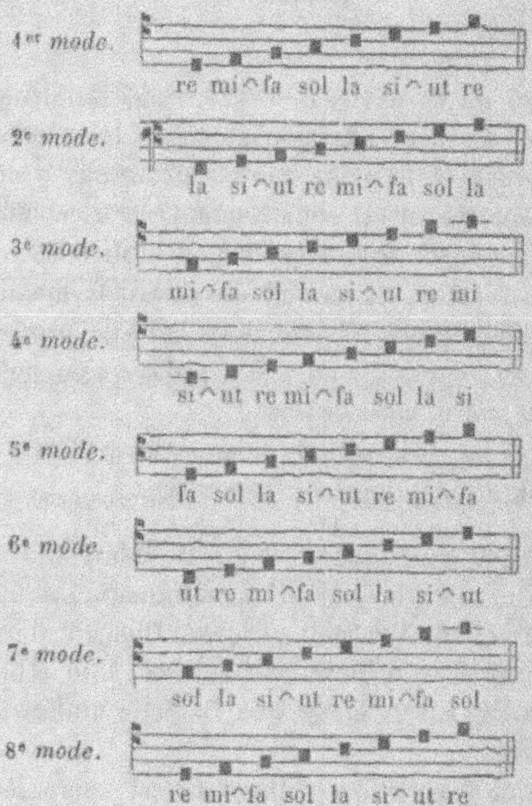

Finale. — 28. On appelle *finale* d'un mode la note par laquelle doivent se terminer tous les chants composés dans ce mode.

29. Dans les modes de rang impair, la finale est la première note de leur échelle, et dans les modes de rang pair la finale en est la quatrième note. Ainsi : la finale du premier et du second mode est *re*.

Celle du troisième et du quatrième mode est *mi*.

Celle du cinquième et du sixième mode est *fa*.

Celle du septième et du huitième mode est le *sol*.

Dominante. — 30. Dans chaque mode il y a une note autour de laquelle se balance le plus souvent la mélodie, et sur laquelle se font fréquemment les repos. Elle est appelée *dominante*.

31. La dominante du premier mode est *la*.

Celle du second mode est *fa*.

Celle du troisième mode est *ut*.

Celle du quatrième mode est *la*.

Celle du cinquième mode est *ut*.

Celle du sixième mode est *la*.

Celle du septième mode est *re*.

Celle du huitième mode est *ut*.

Authentiques et plagaux. — 32. Les modes de rang impair ont été appelés *authentiques*, et ceux de rang pair sont leurs *plagaux* respectifs. Ainsi le second est le plagal du premier ; le quatrième est le plagal du troisième, etc.

Ces dénominations tiennent à ce que chaque plagal a été formé de son authentique par le transport de la quarte supérieure au-dessous de la quinte inférieure, c'est-à-dire que les quatre notes les plus aiguës de l'authentique (ou plutôt leurs octaves), sont devenues les quatre notes les plus graves du plagal. Ainsi, le premier mode ayant pour échelle

re mi fa sol la si ut re

a donné naissance à son plagal ou au second mode par le transport des quatre notes les plus aiguës :

la si ut re

au-dessous de sa quinte.

re mi fa sol la ;

ce qui a donné l'échelle du second mode,

la si ut re mi fa sol la.

On montrerait de même que le quatrième mode a été formé aux dépens du troisième, etc.

On trouvera à la fin du présent ouvrage des exemples de chants composés dans ces divers modes.

Modes affinaux. — 33. Les huit modes principaux ont pour finales, comme on l'a vu, les notes *re*, *mi*, *fa*, *sol*. On appelle *modes affinaux* ceux qui ont pour finales les notes *la*, *si*, *ut*.

34. Ils se partagent comme les huit modes principaux, en authentiques et en plagaux. Voici leurs échelles :

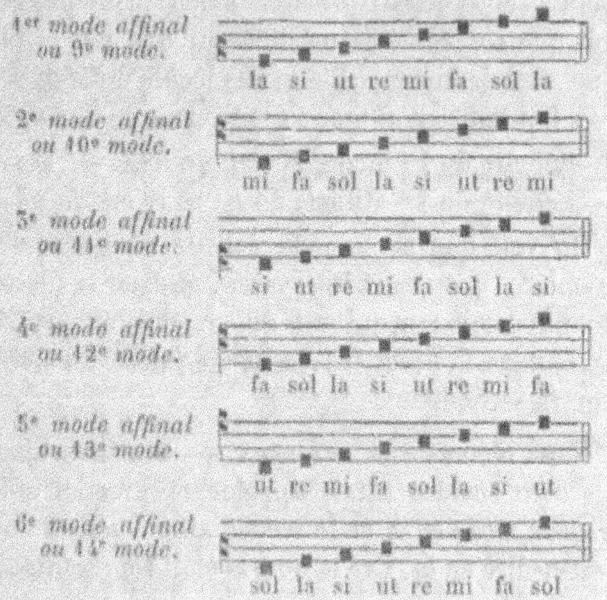

35. La finale du premier et du second affinal est *la*.

Celle du troisième et du quatrième est *si*.

Celle du cinquième et du sixième est *ut*.

36. La dominante du premier affinal est *mi*.

Celle du second est *ut*.

Celle du troisième est *sol*.

Celle du quatrième est *mi*.

Celle du cinquième est *sol*.

Celle du sixième est *mi*.

LEURS RELATIONS AVEC LES SIX PREMIERS MODES. — 37. En comparant les échelles des six modes affinaux à celles des six premiers modes principaux, on voit que ces échelles ne diffèrent que par la place d'un seul demi-ton. (C'est cette légère différence qui les a fait appeler affinaux des premiers.) Exemple :

Échelle du 1ᵉʳ mode. *Re mi^ fa sol la si^ ut re.*

Echelle du 1ᵉʳ affinal. *La si^ ut re mi^ fa sol la.*

On voit que la seconde échelle ne diffère de la première, quant aux intervalles, que par la place du second demi-ton qui est du sixième au septième degré dans la première, et du cinquième au sixième dans la seconde.

NOMS DONNÉS AUX AFFINAUX. — 38. Cette affinité des deux modes a fait appeler le premier affinal *premier mode en A* et le second affinal *second* en A, c'est-à-dire en *la*. Car la note *la* était représentée par la lettre A.

De même, le troisième affinal a été appelé *troisième en B ou en ♮*, et les autres affinaux ont porté respectivement les noms de *quatrième en B*, *cinquième en C*, *sixième en C*.

TRANSPOSITION DE CES MODES. — 39. Dans certains livres, afin de ne pas multiplier les positions des clefs, on a écrit les modes affinaux en se servant de l'échelle des modes principaux correspondants, et en ajoutant un bémol à la clef, pour conserver les places des demi-tons. Cette *transposition* qui a fait remplacer chaque note par sa quinte inférieure a été appelée par quelques-uns *réduction des modes.*

40. Les exemples qui vont suivre mettront sous les yeux ce qui vient d'être dit. Les demi-tons y sont indiqués par le signe ⌢.

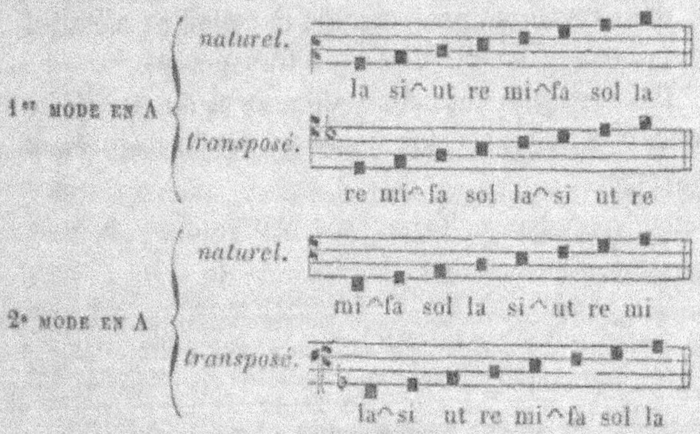

41. Il nous paraît inutile d'étendre cette comparaison aux quatre autres modes affinaux, chacun pouvant la faire sans aucune difficulté.

TRANSPOSITION À LA QUARTE. — 42. On transpose quelquefois les modes principaux, particulièrement le quatrième, à la quarte supérieure. Cette transposition exige aussi un bémol à la clef, pour conserver les mêmes places aux demi-tons. De cette manière, l'échelle du quatrième mode *mi⌢fa sol la si⌢ut re mi* est remplacée par celle-ci : *la⌢si ♭ut re mi⌢fa sol la.*

43. *Observation sur la transposition.* — Lorsque le *si* est bémolisé dans le chant au naturel, il est remplacé par un *mi bémol* dans le chant transposé. Or, on sait que la seule note *si* peut recevoir le bémol : la transposition obligerait donc à introduire un accident défendu. Pour éluder cette difficulté, on a, dans certains livres, modifié la mélodie ; n'était-il pas plus convenable de ne pas transposer ?

Des exemples des modes affinaux et du quatrième mode transposé seront donnés à la fin du présent ouvrage.

CHAPITRE IV.

Variétés des Modes (1).

44. Tout chant, suivant les caractères dont nous avons à parler, pourrait être appelé *parfait*, *imparfait*, *plus-que-parfait*, *mixte*, *commixte*, *irrégulier*; on a préféré donner ces qualifications aux modes des chants divers, et l'on a dit que ces chants appartenaient respectivement à des *modes parfaits*, *imparfaits*, etc.

Quelques auteurs ont employé le mot *ton* au lieu du mot *mode*, et ils ont distingué des *tons parfaits*, *imparfaits*, etc.

45. Un ton est *parfait* quand il remplit son mode à l'aigu et au grave. Remplir son mode, pour l'authentique, c'est monter de la finale à l'octave sans la dépasser, et descendre d'une note au-dessous, excepté

(1) Les limites restreintes du présent opuscule n'ont pas permis de donner des exemples qui ne sont pas absolument nécessaires dans ce chapitre. Au besoin on en trouvera dans l'*Essai*, pages 174 et suiv.

dans le troisième authentique (5e mode). Pour le plagal , remplir son mode, c'est monter à la sixte de la finale , et descendre à la quarte de cette même finale sans aller au-delà.

46. Un ton est *imparfait* quand il ne remplit pas son échelle.

Ces modes ont été encore appelés *défectueux , défectifs , neutres , douteux.*

47. Un ton *plus-que-parfait* est celui qui monte à la neuvième ou à la dixième de sa finale s'il est authentique , et descend au-dessous de la quarte de la même finale s'il est plagal.

En quelques modes qu'on écrive, l'amplitude du chant qui a été appelé *ambitus*, c'est-à-dire la plus grande distance des notes qui peuvent en faire partie est *régulièrement* l'octave.

Il est permis cependant , à titre de licence dont il ne faut pas abuser :

1° Dans les authentiques , de monter jusqu'à la neuvième et même à la dixième et de descendre d'un degré au-dessous de la finale. Cette dernière faculté n'est pas accordée dans le troisième authentique ou cinquième mode , à cause, disent les auteurs, de l'imperfection du demi-ton ;

2° Dans les plagaux, de monter jusqu'à la sixte et de descendre jusqu'à la quinte.

48. Un ton est *mixte* lorsqu'il descend de plus d'une note au-dessous de sa finale, s'il est authentique ; il monte au-dessus de la sixte de cette même finale , s'il est plagal.

49. Un ton est *commixte* quand il paraît être mêlé à un autre mode différent de son plagal , s'il est authentique , et de son authentique , s'il est plagal.

50. Un ton qui ne se termine point par sa finale est *irrégulier*.

CHAPITRE V.

Accentuation.

51. Dans tout mot, sauf les exceptions indiquées plus bas, il y a une seule syllabe sur laquelle on appuie plus fortement en élevant la voix. Cette *intensité et cette acuité* du son d'une syllabe est ce qu'on appelle *accent tonique* ou simplement *accent*.

Dans les langues modernes, une syllabe accentuée est surtout une syllabe forte, une syllabe d'appui.

Chez les Grecs et les Latins, une syllabe accentuée était toujours plus aiguë, c'est-à-dire qu'elle exigeait une certaine élévation de la voix.

Règles de l'accentuation. — 52. 1° Un mot ne peut avoir plus d'un accent tonique.

2° Les monosyllabes ou mots d'une syllabe qui ne sont ni proclitiques, ni enclitiques, portent toujours l'accent.

3° Les dissyllabes ou mots de deux syllabes ont toujours l'accent sur la première syllabe.

4° Les polysyllabes ou mots de plus de deux syllabes ont l'accent sur la *pénultième* ou avant-dernière, à moins que celle-ci ne soit brève.

Dans ce cas, l'accent serait sur la syllabe qui précède l'avant-dernière et qu'on nomme *antépénultième*.

On a quelquefois appelé *dactyliques* les mots de plus de deux syllabes dont l'avant-dernière est brève.

5° Les enclitiques, *que*, *ve*, *ne* (interrogatif), *ce*, *pse*, *pte*, *met*, *dem*, *nam*, *quis* (précédé de *si*, *ne*, *num*), *quando* (précédé de *si* ou *ne*), attirent l'accent sur la dernière syllabe des mots auxquels ils sont joints, alors même qu'elle serait brève. Ainsi, l'on dit : *Deúsque, mensáve, reápse, túte, interdúm, ibidém, siquís, nequándo.*

Les mots *ítaque*, *dénique*, *úndique*, *útique*, ont l'accent sur la première syllabe. Dans ces mots, *que* n'est pas enclitique.

6° Les proclitiques, c'est-à-dire les *prépositions* qui précèdent tout leur régime, les *adverbes prépositions*, comme *extra*, *circa*, etc., dans le même cas ; les *conjonctions*, quand elles commencent la phrase subordonnée, les *adjectifs conjonctifs et déterminatifs qui*, *quis*, *qualis*, *quantus*, n'ont pas d'accent.

7° Si les mots qui précèdent, au lieu d'être placés avant ceux qu'ils affectent, sont placés après, ils suivent les règles ordinaires.

8° Les mots étrangers gardent leur accent.

Les mots hébreux qui n'ont pas une terminaison

latine, portent ordinairement l'accent sur la syllabe finale : amén, Jerusalém, Israél, Abrahám, Jacób, Cherubím, Seraphím, Michaél, David, Nazaréth, Sión, etc.

9ª Les mots composés suivent les règles ordinaires comme s'ils étaient simples.

10º Les adverbes composés de *inde* précédé d'une préposition, étaient accentués sur *l'antépénultième déinde, perinde.*

11º Les composés de *facio* qui conservent l'*a*, retiennent l'accent sur la syllabe qui le portait dans le simple.

33. Dans les livres liturgiques, les syllabes accentuées sont marquées de l'accent aigu ; mais les mots de deux syllabes n'y portent pas d'accent, parce que l'on sait qu'il est toujours sur la première, *en tenant compte des exceptions indiquées dans les* nᵒˢ 6, 7, 8.

CHAPITRE VI.

Psalmodie.

54. La psalmodie tient le milieu entre la parole et le chant.

Comme dans la lecture, on doit, dans la psalmodie, distinguer les syllabes, les mots, le sens et les coupures des phrases.

Les syllabes doivent être articulées et prononcées distinctement. Cette règle est violée par ceux qui, par trop de précipitation, tronquent ou défigurent les mots : ce que plusieurs conciles, qui le défendent, appellent *syncoper*.

Les mots doivent aussi être prononcés de manière à être bien entendus, ce qui se fait en donnant à chacun son accent. On pèche contre cette règle, lorsqu'on réunit deux ou plusieurs mots ensemble, comme s'ils n'en faisaient qu'un seul.

Quant au sens, souvent la ponctuation l'indique ; toutefois l'observation de la ponctuation n'empêche pas de trop rapprocher des mots qui doivent être quelque peu séparés, et de séparer des mots qui doivent être rapprochés. On manque souvent à cette dernière prescription ; ainsi il n'est pas rare d'enten-

2.

dre entonner : *Deus , in adjutorium* , etc., en séparant *adjutorium*, de *meum*, de cette manière ; *Deus in adjutorium , meum intende.* Combien de fois n'entend-on pas aussi : *Non commovebitur donec despiciat , inimicos suos ;* ou bien ; *Gloria Patri et , Filio ,* etc. ou encore : *et in secula , seculorum Amen.*

Afin qu'il y ait de l'ensemble dans la psalmodie , on doit observer le même mouvement durant tous les versets. Ce mouvement varie suivant les degrés des fêtes , mais il ne doit jamais être ni trop rapide ni trop lent. Il est aussi plus grave dans les cantiques évangéliques qui sont : le *Benedictus* , le *Magnificat*, et le *Nunc dimittis.*

Pour que tout le monde commence et finisse en même temps , on doit insister sur le commencement et sur la fin des versets. Cette règle se pratique diversement. Au commencement du verset , on insiste sur la première ou sur la seconde syllabe si celle-ci est accentuée : à la fin , on insiste sur la dernière syllabe ou sur la syllabe accentuée du dernier mot , ou sur les deux à la fois.

CHANT DE LA PSALMODIE. — 55. Le chant de la psalmodie , comme celui de toutes les autres parties des saints offices , est composé sur les échelles des huit modes principaux et des affinaux.

FORMULES PSALMODIQUES. — 56. Dans chacune des formules psalmodiques dont le tableau va suivre , il faut distinguer quatre parties : 1° l'*intonation* ; 2° la *teneur* ; 3° la *médiation* ; 4° la *terminaison* que quelques-uns ont appelée improprement *finale*, vu qu'on pourrait la confondre avec la finale du mode ; tandis que presque toujours elle en diffère.

Pour séparer ces quatre parties et les rendre visibles, nous placerons une petite virgule au-dessus de la portée. Il est bien entendu que ce signe n'est ici que pour mémoire, et qu'il ne doit jamais être écrit dans les livres de chant.

La moitié et la fin des versets seront marquées d'une stangnette double.

On remarquera que la plupart des formules psalmodiques ont plusieurs terminaisons. L'emploi de ces terminaisons n'est pas arbitraire : il est régi par les diverses intonations des antiennes.

Quelques auteurs ont appelé ces formules *modes*, d'autres leur ont donné le nom de *tons*.

Toutes ces formules reçoivent une légère modification dans le chant férial. Elle consiste dans la suppression de l'intonation qui est remplacée par la teneur.

TABLEAU DES MODES OU TONS PSALMODIQUES.

(*Rit Romain.*)

a dex-tris me-is. Sede a dex-tris me- is.
Sede a dextris me- is. Sede a dextris me-is.
Sede a dextris me-is. Sede a dextris me- is.
II. M.
Dixit Do-minus Do-mino me-o. Sede a
dex-tris me-is.
III. M.
Dixit Do-minus Do-mino me- o. Sede a
dextris me-is. Sede a dextris me-is. Sede a dextris
me-is. Sede a dextris me-is. Sede a dextris me-is.
IV. M.
Dixit Do-minus Do-mino me- o. Sede a de-

xtris me-is. Sede a dextris me-is. Sede a dextris
me- is. Sede a dextris me-is. Sede a dextris me-is.
V. M.
Dixit Do-minus Do-mino me-o. Sede a
dextris me- is.
VI. M.
Di-xit Dominus Domino me- o. Sede a
dextris me- is.
VII M.
Di- xit Dominus Domino me- o. Sede a
dextris me- is. Sede a dextris me- is. Sede a dextris.
me- is. Sede a dextris me- is. Sede a dextris me- is.

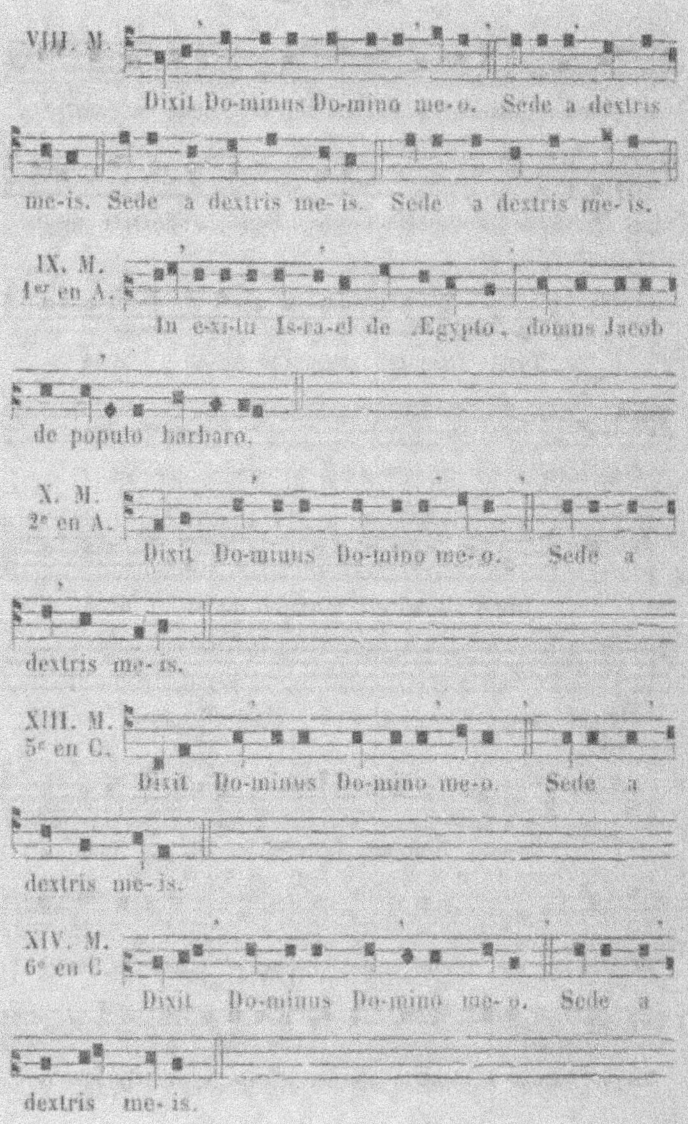
VIII. M.
Dixit Do-minus Do-mino me-o. Sede a dextris
me-is. Sede a dextris me-is. Sede a dextris me-is.
IX. M.
1er en A.
In e-xi-tu Is-ra-el de Ægypto, domus Jacob
de populo barbaro.
X. M.
2e en A.
Dixit Do-minus Do-mino me-o. Sede a
dextris me-is.
XIII. M.
5e en C.
Dixit Do-minus Do-mino me-o. Sede a
dextris me-is.
XIV. M.
6e en C
Dixit Do-minus Do-mino me-o. Sede a
dextris me-is.

Nous croyons utile pour la pratique , d'ajouter quelques formules très-usitées en France. Seulement, pour abréger, au lieu de donner les versets de psaume en entier, nous donnerons leurs parties essentielles. Nous représenterons , suivant un usage très-ancien , la fin des versets par les mots *seculorum , amen* , remplacés par leurs voyelles *e u o u a e.*

**87. Application du texte aux mélodies psal-
modiques.** — Nous avons distingué quatre parties
dans les versets chantés des psaumes : 1° l'intonation ; 2° la teneur ; 3° la médiation ; 4° la terminaison. Chacune de ces parties formera une subdivision
du présent article.

1. *Intonation.* On appelle ainsi un petit dessin
mélodique par lequel commence le chant des versets.

L'intonation est *liée* ou non *liée*.

Quand l'intonation est liée, tantôt elle porte deux
notes sur une syllabe, qui est ou la seconde, comme
dans le premier, le quatrième, le sixième ton, ou la
première, comme dans le premier en A; tantôt elle
a deux notes sur la première et la seconde syllabe,
comme dans le septième mode.

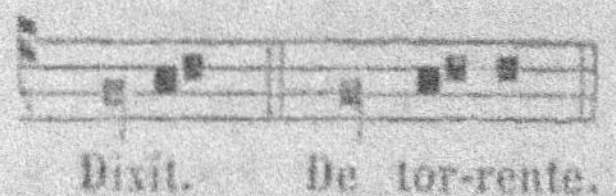

Il faut observer que si le premier mot du verset est
de trois syllabes, dont la seconde est brève, celle-ci
ne reçoit pas la liaison, mais est représentée par une
semi-brève, et occupe le même degré que la note suivante. L'intonation se fait comme dans les exemples
suivants :

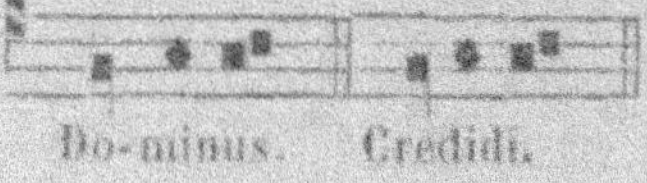

Si le premier mot est un dissyllabe terminé par

une voyelle ou un *m* , tandis que le second commence
par une voyelle ; c'est le cas de l'*élision* qui se pra-
tiquait souvent chez les anciens dans le langage , et
à laquelle on supplée en faisant semi-brève la syllabe qui devrait être élidée , ainsi qu'il suit :

L'intonation ne devant être composée que de deux
syllabes musicales , la semi-brève se fond en quelque
sorte dans la syllabe suivante , et on lui donne en ce
cas le nom de *survenante* ou *superflue*.

La survenante se place sur le degré de la note suivante si la mélodie descend. Il en est de même si elle
monte par degré conjoint. Quand elle monte par saut,
c'est-à-dire par degré disjoint, la survenante se place
sur le degré de la note qui la précède. Nous représenterons les syllabes survenantes par une note semi-
brève , c'est-à-dire par la losange ◆.

En beaucoup de lieux on rend superflue , dans le
cas présent, la seconde syllabe d'un mot dissyllabique
quand un monosyllabe le suit ; comme dans les exemples suivants :

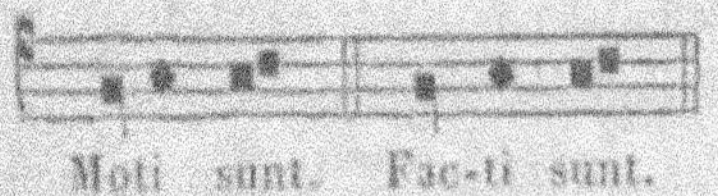

Mais cet usage n'est autorisé par aucune règle,

pas plus que celui qui consiste à rendre brève la dernière syllabe d'un mot, si un monosyllabe le suit.

Quand l'intonation n'est pas liée, chacune de ses notes est placée sur une syllabe du texte ; comme on peut le voir dans les exemples du deuxième, du troisième, du cinquième et du huitième ton.

Que l'intonation soit liée ou non, la première syllabe est longue, d'après la règle qui a été donnée plus haut (page 31).

II. *Teneur*. Dans la teneur, on doit observer l'accentuation ; mais, suivant M. l'abbé Petit, il n'est pas nécessaire de rendre et de représenter par des longues les syllabes accentuées.

III. *Médiation*. La règle générale est de placer sur des syllabes accentuées les notes plus élevées et plus fortes de la mélodie, autant du moins que cela est possible.

Nous nommerons *déviation* la première note de la médiation, c'est-à-dire celle qui diffère de la dominante ou teneur.

Les médiations sont de deux, trois, quatre ou cinq syllabes mélodiques. Ces syllabes sont quelquefois liées, c'est-à-dire contiennent deux notes.

1° Dans les médiations de deux syllabes, si la déviation a lieu en montant, la note ascendante répond à la dernière syllabe qui porte l'accent. Exemple :

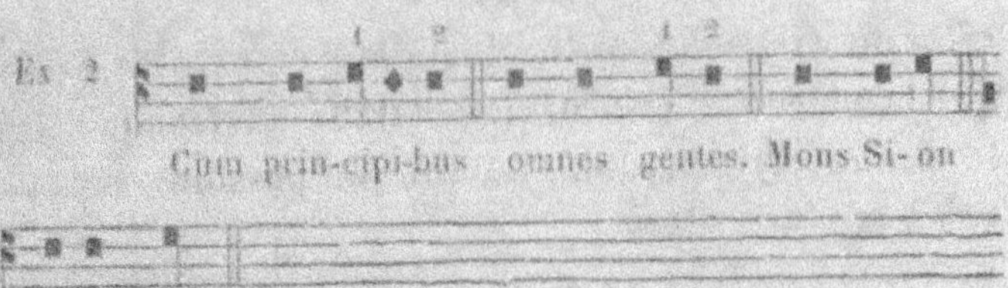

Dans les deux derniers exemples, la déviation a
été reculée, parce que le mot *Sion* est accentué sur
la dernière syllabe, et que le monosyllabe *vos* porte
l'accent.

Une conséquence de cette règle, sur laquelle beaucoup d'auteurs ont insisté, c'est qu'on ne doit jamais
faire une déviation ascendante sur la dernière syllabe
d'un mot latin.

Si la déviation procédait par une note plus basse
que la teneur, alors elle se ferait sur l'avant-dernière syllabe du dernier mot, à moins que celle-ci
ne fût brève, ce qui amènerait la déviation sur l'antépénultième. Il en serait de même si le dernier mot
était un monosyllabe commençant par une voyelle,
précédé d'un mot terminé par une voyelle aussi ou
un *m*, comme *bonum est*, *facta est*. Dans ce cas, il
y aurait une survenante.

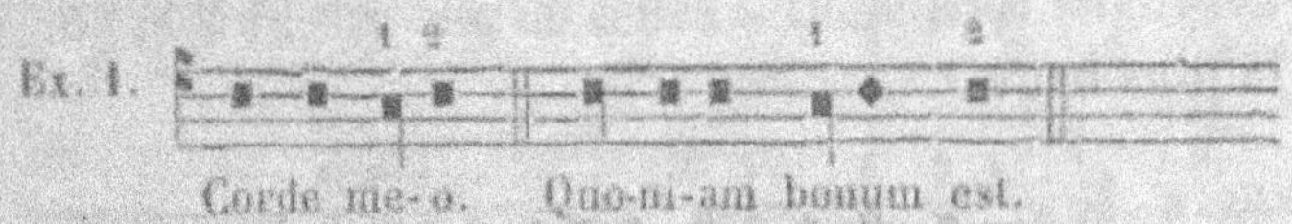

2° Dans les médiations de trois syllabes comme

celle du sixième ton , la déviation étant plus basse que la teneur se fait sur une syllabe quelconque , et la seconde syllabe doit , autant que possible , répondre à une accentuée.

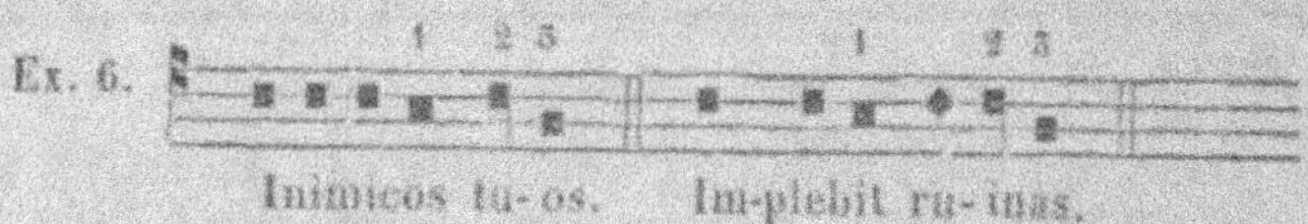

3° Dans les médiations quadrisyllabiques , si la déviation se fait en montant , la première syllabe doit porter l'accent. Il en est de même de la troisième principalement quand la note qui y répond est aussi plus élevée.

Si la médiation du quatrième ton se termine par un monosyllabe ou un mot hébreu accentué sur la dernière syllabe , elle n'a que trois syllabes , le monosyllabe répondant à cause de son accent à la note la plus haute.

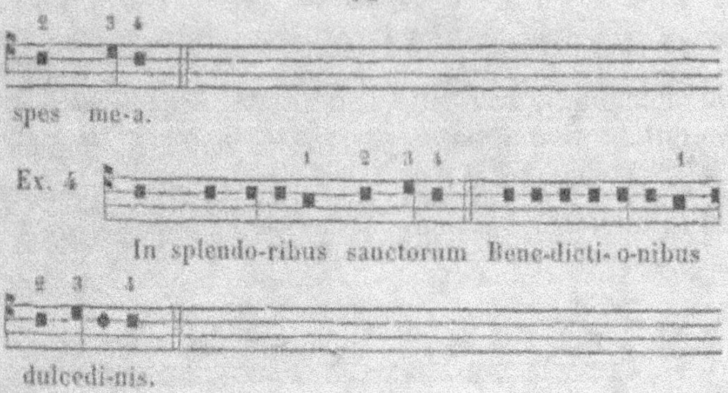

L'euphonie et la gravité du chant exigent qu'on
ne donne pas plus d'une survenante à chaque syllabe
mélodique.

On comprend qu'il est quelquefois inévitable de
laisser parmi les survenantes quelques monosyllabes
accentués ; le placement régulier des syllabes accentuées dans les mots voisins, semble faire disparaître
cette irrégularité.

4° Dans les médiations de cinq syllabes, comme
celle du premier mode en A, on place autant que
possible la seconde et la quatrième syllabe mélodiques sur des syllabes accentuées du texte ; ainsi,
nous préférerions, malgré l'usage contraire, faire la
médiation du premier en A, comme il suit :

IV. *Terminaison.* Elle suit les mêmes règles que la médiation , avec cette seule différence que le monosyllabe final n'influe pas sur la mélodie , comme dans certaines médiations. Les exemples suivants suffiront , croyons-nous , pour faire comprendre ces règles.

57. *Observation générale.* Quand la première moitié d'un verset de psaume n'a pas assez de syllabes grammaticales , pour faire entendre l'intonation , la teneur et la médiation , on supprime l'intonation et même , s'il le faut , la teneur , pour ne faire que la médiation. Ainsi , dans le troisième mode , on chante le demi verset : *Quod parasti* du *Nunc dimittis* , en faisant seulement la médiation. Le mot *Magnificat* qui forme à lui seul la première moitié du premier verset dans le cantique de la Sainte-Vierge , fait ex-

ception à cette règle. Il a pour chaque mode une modulation particulière qu'on trouve marquée dans tous les livres de chant.

Si la seconde moitié d'un verset n'a pas assez de syllabes grammaticales pour faire entendre la teneur et la terminaison, on se contente de faire la terminaison.

CHAPITRE VII.

AVIS ESSENTIELS
Aux Chantres et aux Organistes.

CÉRÉMONIAL ABRÉGÉ DU CHANT.

Les chantres auront le soin de prévoir tout ce qui doit être chanté, et de se conformer exactement à ce qui est marqué dans le Graduel, l'Antiphonaire, le Rituel, le Processionnal, en un mot, dans le livre dont ils auront à se servir pour un office déterminé.

Afin qu'ils prennent tous le même ton, et un ton convenable, il est utile qu'un chantre entonne les divers morceaux, c'est-à-dire en chante seul les premiers mots. Le reste est chanté par tout le chœur. Il est évident que, dans le cas où le célébrant ou bien un autre membre du clergé entonne, le chantre est dispensé de faire son intonation.

Un ton convenable, c'est-à-dire un ton qui n'est ni trop haut ni trop bas, est celui où toutes les voix peuvent chanter sans effort l'échelle du mode dans lequel le morceau est écrit, ou simplement les notes extrêmes de cette échelle.

Dans les chants qui tiennent de la parole, comme la psalmodie, les leçons, etc., les chantres doivent suivre exactement les règles de l'accentuation grammaticale, ne pas séparer les mots qui sont unis par le sens, ni réunir ceux qui doivent être séparés. Ils feront les repos où la ponctuation et le sens les auront placés.

Dans les chants purement mélodiques, ils éviteront avec le plus grand soin de faire les notes égales ou martelées; et, au lieu de chanter d'un seul trait une longue suite de notes, ils lieront ensemble celles qui forment un seul groupe, sépareront celles qui sont détachées et donneront toujours à chaque note sa valeur respective. Ils observeront aussi les repos et leurs diverses durées représentées, ainsi qu'on l'a vu, par la stanguette double, la stanguette simple entière, la petite stanguette et la séparation des groupes dans les livres bien notés.

Les chantres doivent se tenir debout quand ils chantent actuellement (1).

Lorsqu'ils chantent un passage durant lequel le clergé doit être à genoux, ils s'y mettent eux-mêmes, si ce passage est très-court. Dans le cas contraire, ils restent debout et font la génuflexion à la fin (2).

(1) Rubricæ Missalis xvii. 7 Gardellini. Decreta authentica Congregationis sacrorum Rituum 3573.

(2) Gard. 4072 ad 5.

Durant le chant du *Tantum ergo* du salut, ils doivent se tenir à genoux (1).

Durant une messe chantée, ils ne doivent faire entendre aucun chant en langue vulgaire.

Il en est de même durant les saluts du Saint Sacrement (2).

Il ne leur est permis de rien omettre de ce qui est marqué dans les livres de chœur comme devant être chanté (3).

Mais si le chant alterne avec l'orgue, comme cela a lieu au *Kyrie*, au *Gloria*, etc. de la messe, à l'*Hymne*, au *Magnificat*, etc., des vêpres, il suffit qu'un chantre récite a haute et intelligible voix, la partie qui est chantée par l'orgue (4).

Suivant de bons auteurs; il n'est pas défendu de remplacer par le jeu de l'orgue des chants qui seraient quelquefois mal interprétés par des chantres peu habiles, ou qui prolongeraient trop les offices, comme ceux des répons de Matines, du graduel de la Messe, etc., pourvu que les paroles soient récitées à haute voix pendant que l'orgue joue. Une réponse de la Sacrée Congrégation paraît confirmer cette opinion (5).

(1) Rituale romanum.
(2) G. 1129. — id. 4857 ad 2.
(3) 4233 ad 2.
(4) Cæremoniale Episcoporum, lib. 1, cap. xxviii, n° 7.
(5) S. R. C. 17 febr. 1853, *Briocen.*

Dans les églises rurales principalement, il n'est pas même défendu de remplacer quelquefois par une récitation grave et sur le même ton *recto tono*, des chants difficiles auxquels le défaut d'orgue empêcherait de suppléer. Cette espèce de chant appelé *Psalmodie simple* ou *Chant des Théatins*, permet de célébrer les saints offices dans leur intégrité. Le pape Benoît XIII en fait mention dans son *Memoriale Rituum*.

A la messe, les chantres ne doivent commencer l'introït que lorsque le célébrant est arrivé à l'autel (1). De même, ils ne doivent chanter le *Benedictus* qui suit le *Sanctus* qu'après l'Elévation (2), et l'Antienne appelée *Communion*, qu'après que le prêtre a communié sous les deux espèces (3).

A l'introït, après le *sicut erat*, ils doivent répéter toute l'antienne qui précède le psaume, et non pas seulement les premiers mots.

A l'*Alleluia*, un chantre chante *alleluia* sans la neume, et les autres répètent cet *alleluia* suivi de la neume. On chante ensuite le verset, et puis l'on chante encore, mais une seule fois *alleluia*, avec la neume.

Durant le temps pascal, après le chant du pre-

(1) G. 1233 ad 7. Cæc. Ep. 2. viii. 30.
(2) C. E. 2. viii. 71.
(3) *Ibid.*, n° 78.

mier verset , on chante une seule fois l'*alleluia* qui
précède le second verset, et ce second verset terminé,
on répète avec la neume l'*alleluia* qui l'a précédé.

Dans les jours où le jeu de l'orgue est prescrit , on
chante alternativement avec cet instrument le *Kyrie*,
le *Gloria* , le *Sanctus* et l'*Agnus Dei*. Le *Credo* doit
être chanté tout entier sans alterner avec l'orgue (1).

Suivant que la préface est chantée par le célébrant
dans le ton solennel ou dans le ton férial , les chantre
doivent répondre diversement.

A la messe des morts , chantée avec une seule
oraison , il n'est pas permis aux chantres de supprimer la prose. S'il y a cependant une raison suffisante,
ils peuvent en omettre quelques versets (2).

Aux vêpres, le chant du *Deus in adjutorium* a
lieu entièrement *recto tono* , aux jours de fêtes simples et aux féries (3).

Le célébrant entonne la première antienne et celle
du *Magnificat* , les membres du clergé , s'il y en a,
entonnent celles des autres psaumes , et si la fête est
du rit double , les chantres les continuent (4).

Le premier verset de chaque psaume est chanté
en entier par deux chantres revêtus de surplis , qui
se réunissent pour cela auprès d'un pupitre placé au

(1) *Id.* 1. xxviii 9, 10.
(2) G. 5208 ad 12.
(3) Directorium chori.
(4) C. E. 2. iii. 6, 8.

milieu du chœur. Ils font la génuflexion avant et après cette intonation (1). Aux vigiles, aux quatre-temps et aux féries de l'Avent et du carême, un seul chante le premier verset, si ce n'est pour le *Magnificat* qui est toujours entonné par deux chantres (2).

À Rome, aux jours de fêtes simples et aux féries, les psaumes sont chantés suivant le *ton* férial, c'est-à-dire en commençant à la dominante (3).

Dans beaucoup de diocèses, nommément dans celui de Toulouse, on chante le premier verset des psaumes comme il est marqué pour chaque mode dans le ton festival. Les autres versets se chantent en commençant à la dominante. Aux cantiques évangéliques, c'est-à-dire au *Magnificat*, au *Benedictus* et au *Nunc dimittis* on répète l'intonation mélodique à chaque verset, à moins que ces cantiques ne soient chantés en faux-bourdon, auquel cas on commence chaque verset à la dominante (4).

Quand l'intonation de l'antienne se compose des mêmes mots que le commencement du premier verset du psaume, si la fête n'est pas du rit double, les chantres suppriment de ce premier verset les mots de l'intonation. Ainsi, aux dimanches simples, l'into-

(1) *Id.* 2. vi. 9.
(2) Dir. ch.
(3) *Id.*
(4) Brev. Tolos. Tabula modorum cantuum.

nation de la première antienne étant faite avec les
mots *Dixit Dominus*, les chantres commencent le
premier verset du psaume aux mots *Domino meo*.
Quelquefois une antienne entière qui doit être doublée
ne diffère pas du premier verset du psaume. Dans ce
cas, on commence le psaume au second verset (1).

On doit se rappeler qu'aux fêtes de rit double,
la même antienne doit être chantée avant et après le
psaume. Le jeu de l'orgue peut remplacer le chant
de l'antienne après le psaume, pourvu que cette
antienne soit récitée comme il a été déjà dit (2).

Le premier verset des hymnes, le dernier verset
appelé *Doxologie*, et ceux pendant lesquels on se met
à genoux, doivent toujours être chantés. Il en est de
même du verset *Gloria Patri* (3).

Le célébrant entonne l'hymne (4), l'antienne du
Magnificat (5) et l'antienne à la Sainte-Vierge qui
termine l'office (par exemple, le *Salve Regina* (6).

Deux chantres, aux fêtes doubles et semi-doubles,
chantent ensemble les versets (7).

Aux offices des morts, les chantres entonnent les

(1) Rubr. breviarii.
(2) C. E. 1. xxviii. 7.
(3) *Ibid.*, n° 9.
(4) *Id.* 2. m. 9.
(5) *Ibid.*, n° 10.
(6) *Id.* 2. m. 15.
(7) C. 351 ad 10.

antiennes (1). La prière qui termine le psaume : *Requiem æternam dona eis Domine, et lux perpetua luceat eis*, forme deux versets (2).

Dans les chants des litanies, soit des Saints, soit de la Sainte Vierge, il est interdit de supprimer ou d'ajouter des invocations (3).

Durant la bénédiction du Saint-Sacrement, personne ne doit chanter (4).

ORGUE. — Il convient que l'orgue joue tous les dimanches et les jours de fêtes commandées (5).

L'orgue se tait durant l'Avent et le Carême; excepté le troisième dimanche de l'Avent et le quatrième du Carême à la messe, les jours de fêtes et de féries qui se célèbrent avec solennité, le Jeudi-Saint à la messe seulement, et le Samedi-Saint à la messe et aux vêpres (6).

A la messe solennelle, l'orgue alterne avec le chant comme il a été dit plus haut. De plus, il joue au commencement de la messe après l'Épître, à l'Offertoire, à l'Elévation dans un genre grave et doux, au verset

(1) C. E. 2. x. 3.
(2) Breviar.
(3) G. 2681. — *Id.* 4857 ad 3.
(4) G. 4308.
(5) C. E. 1. xxviii. 1.
(6) *Ibid.*, n° 2.

qui précède la postcommunion et à la fin de la messe (1).

Aux vêpres, l'orgue joue comme il a été dit plus haut, à la place de l'antienne qui suit chaque psaume. Il alterne avec les chantres à l'hymne et au *Magnificat*. Il ne joue pas aux premiers versets des hymnes, à ceux durant lesquels on se met à genoux, au dernier verset appelé *Doxologie* ni au *Gloria Patri* (2).

Au *Magnificat*, l'organiste doit régler son jeu de manière que l'encensement du chœur soit terminé avant la répétition de l'antienne (3).

L'organiste doit éviter avec le plus grand soin de jouer des airs lascifs ou même profanes (4).

L'orgue se tait régulièrement dans les offices des morts (5). En certains lieux, l'usage en a été autorisé, pourvu que les morceaux joués soient en rapport avec la cérémonie (6).

(1) *Ibid.*, n° 9.
(2) *Ibid.*, n° 6.
(3) *Id.* 2. m. 13.
(4) *Id.* 1. xxvm. 11.
(5) *Ibid.*, n° 13.
(6) G. 807.

CHAPITRE VIII.

Exemples.

EXEMPLE DU PREMIER MODE.

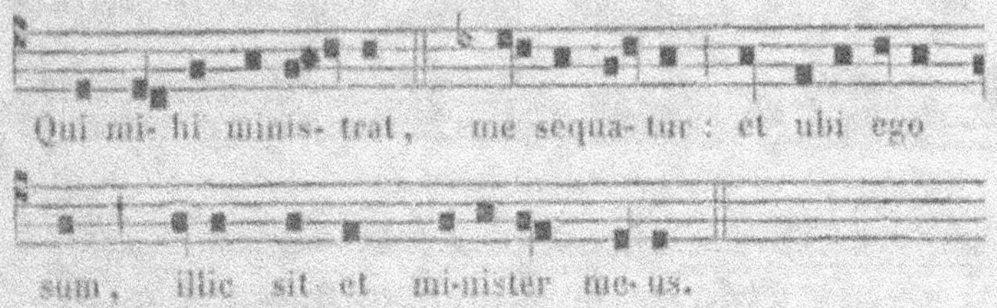

EXEMPLE DU DEUXIÈME MODE.

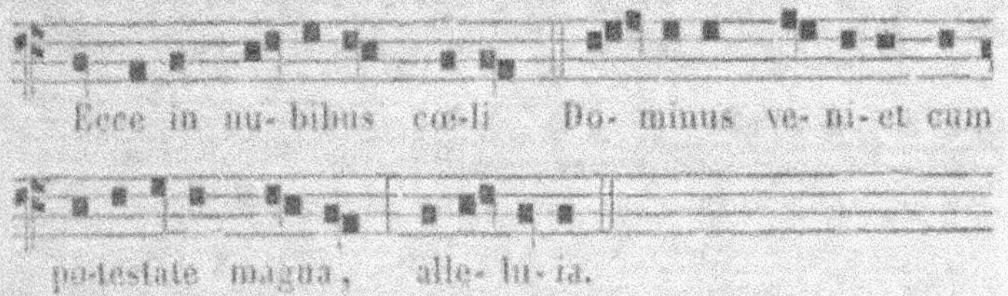

EXEMPLE DU TROISIÈME MODE.

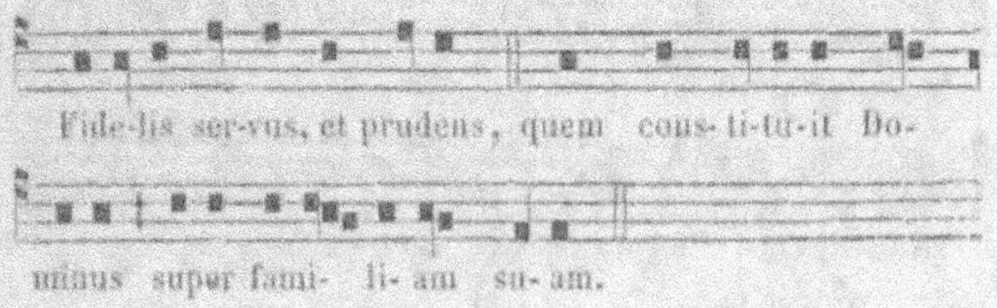

3.

EXEMPLE DU QUATRIÈME MODE.

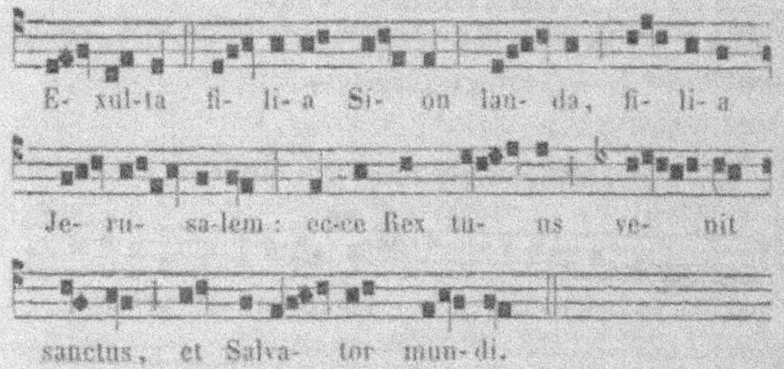

EXEMPLE DU CINQUIÈME MODE.

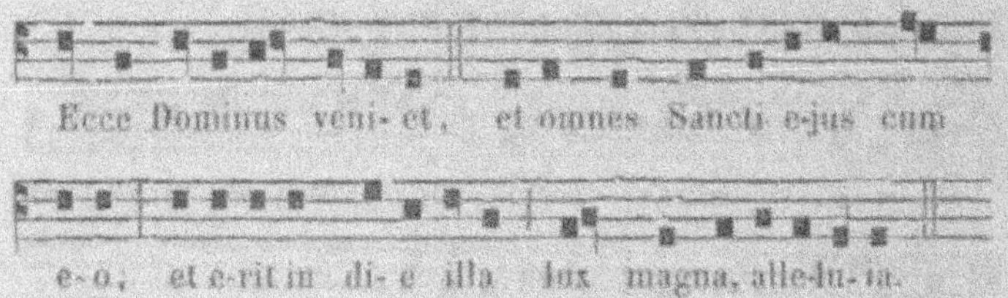

EXEMPLE DU SIXIÈME MODE.

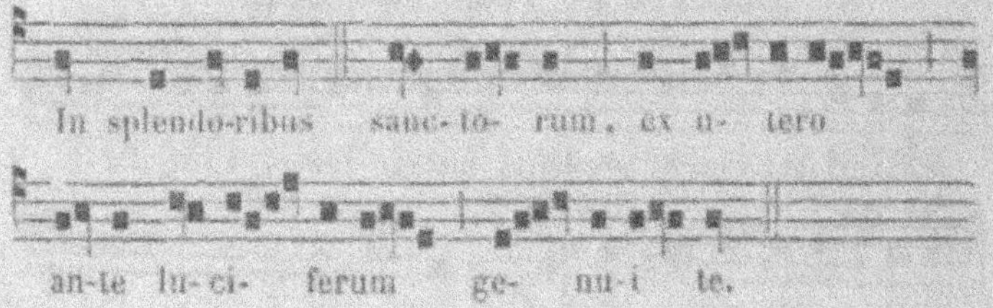

EXEMPLE DU SEPTIÈME MODE.

EXEMPLE DU HUITIÈME MODE.

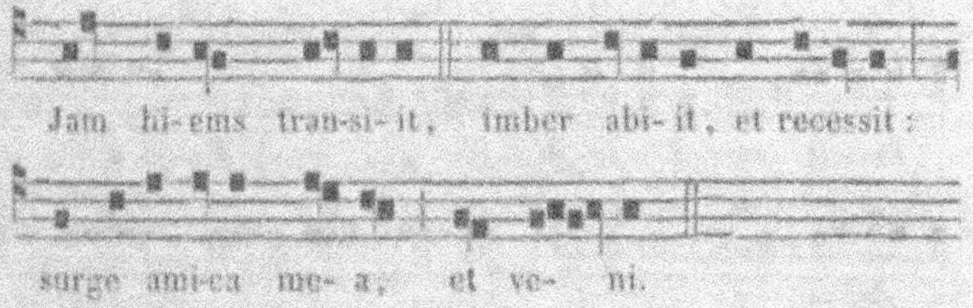

EXEMPLE DU NEUVIÈME MODE 1er EN A.

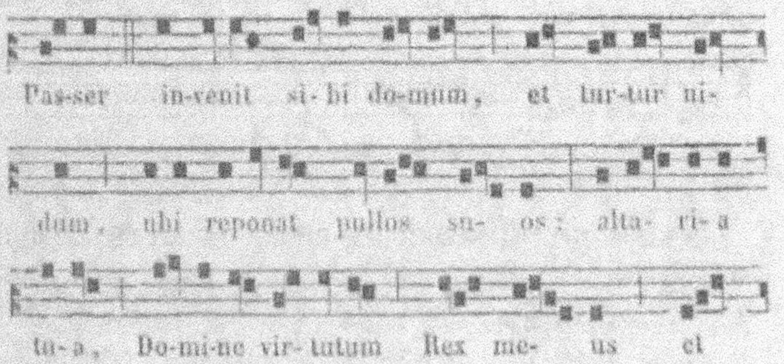

EXEMPLE DU DIXIÉME MODE 2ᵉ EN A.

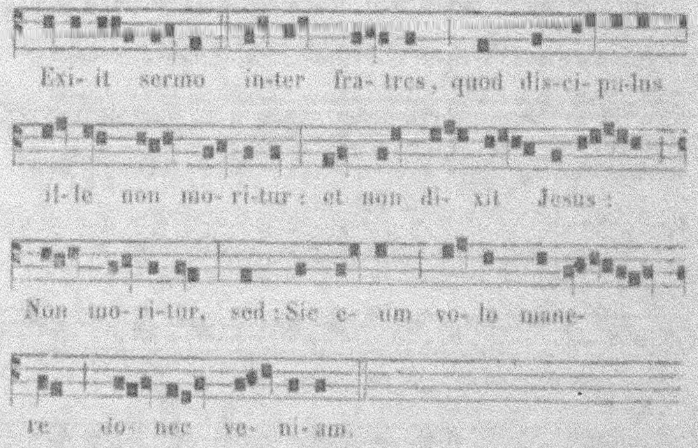

Les Chants du onziéme mode ou 3ᵉ en B sont trés-rares.

EXEMPLE DU DOUZIÈME MODE 4e EN B.

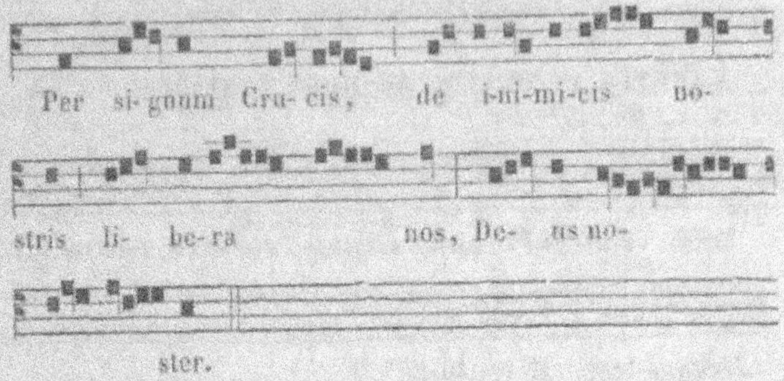

EXEMPLE DU TREIZIÈME MODE 5e EN C.

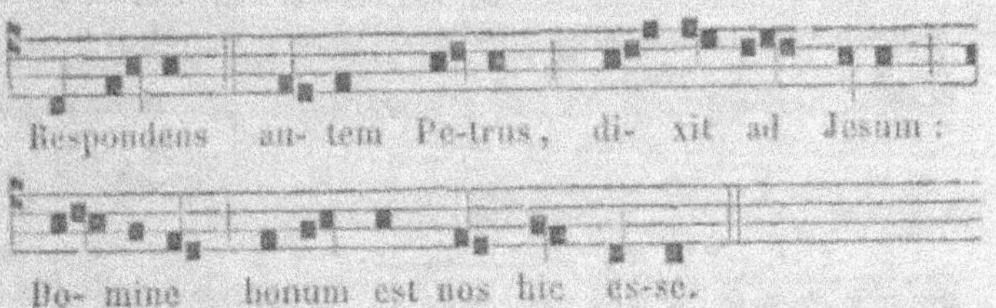

EXEMPLE DU QUATORZIÈME MODE 6^e EN C.

EXEMPLE DU QUATRIÈME MODE TRANSPOSÉ EN A.

APPENDICE.

CHAPITRE IX

Directoire du chœur.

Les intonations qui vont suivre ont toutes été tirées du Cérémonial des évêques, du Pontifical, et du *Directorium chori* de Guidetti, livre officiel de Rome, indiqué par le Cérémonial des évêques comme suppléant aux intonations qu'il n'a pu lui-même donner (1).

I. VÊPRES.

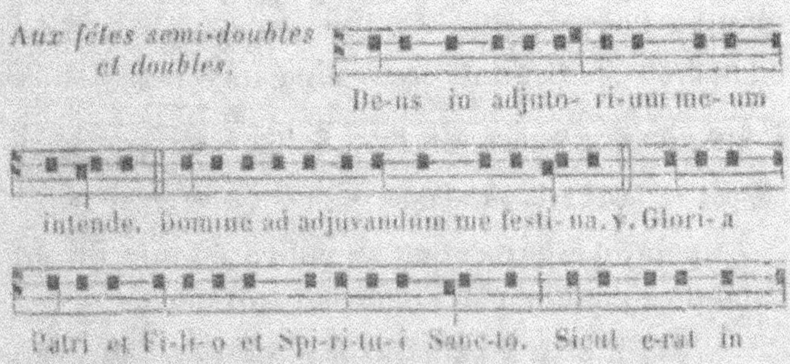

(1) Cer. Ep. lib. I, cap. XXVII.

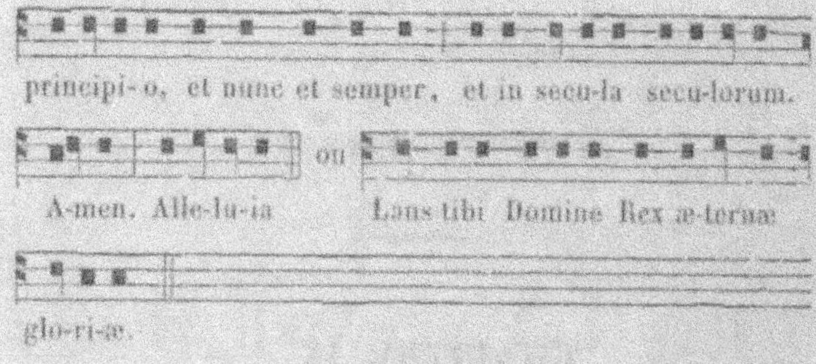

Aux fêtes simples et aux féries, on chante sur la corde *ut*, *recto tono*, c'est-à-dire sans inflexion.

CAPITULE.

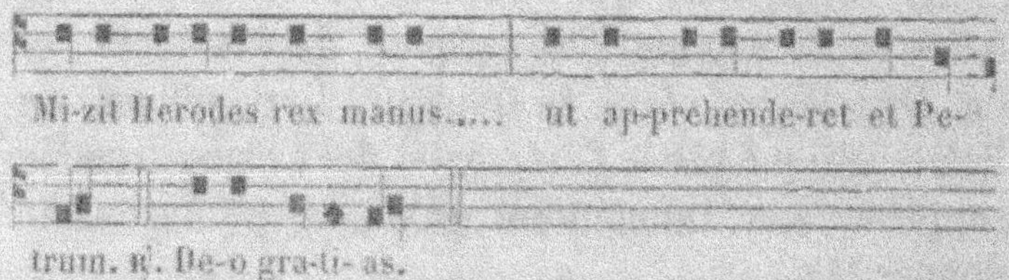

Si la dernière syllabe du Capitule porte l'accent, ce qui a lieu quand le dernier mot est monosyllabe ou hébreu, le Capitule se termine ainsi :

Le point d'interrogation au milieu ou à la fin du Capitule s'indique par l'inflexion suivante :

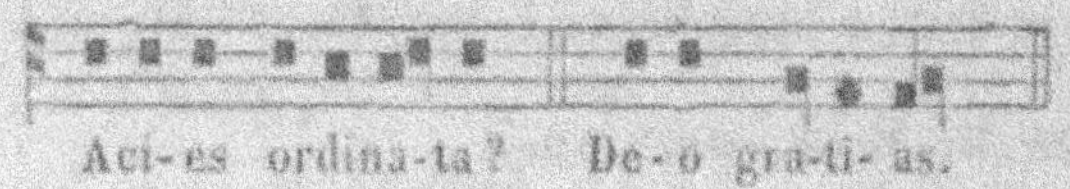

VERSET QUI SUIT L'HYMNE.

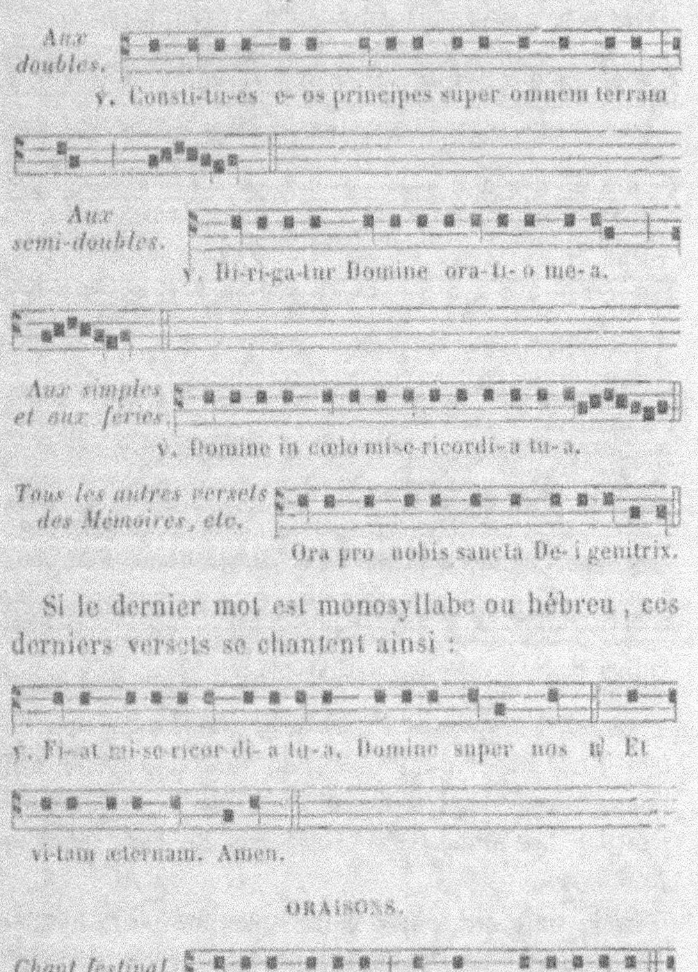

Si le dernier mot est monosyllabe ou hébreu, ces derniers versets se chantent ainsi :

ORAISONS.

Quand l'oraison n'a que deux parties au lieu de trois, on supprime la seconde inflexion *ut si*. On l'omet aussi dans la conclusion qui ne commence pas par les mots : *Per Dominum* ou *Per eumdem Dominum*.

Si le mot qui porte cette inflexion a son avant-dernière syllabe brève, cette syllabe et la dernière se chantent sur la note *si*.

Chant férial. — Toute l'Oraison et sa conclusion se chantent *recto tono* sur la corde *ut*. — Quand l'office est semi-double et au-dessus, on chante les oraisons des Vêpres, des Laudes et de la Messe, dans le ton festival. Le ton férial est employé dans tous les autres cas, sauf les exceptions qui vont suivre.

Autre chant férial. — Ce chant a lieu *recto tono* avec l'inflexion *ut*, *la* à la fin de l'Oraison et de la conclusion, comme il suit :

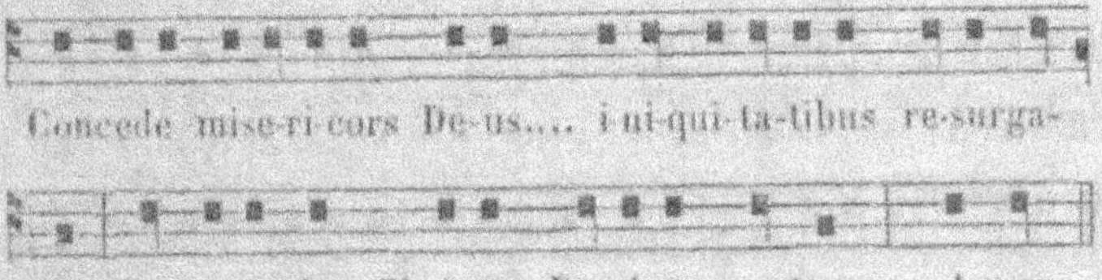

Ce chant est employé aux Oraisons qui suivent les Antiennes de la sainte Vierge placées à la fin du Psautier ; à l'Oraison *Dirigere* de Prime ; à celle qui suit le *Libera* de l'Absoute ; à l'Aspersion ; aux Litanies ; mais, dans ce dernier cas, l'inflexion a lieu seulement à la fin de la dernière Oraison et de sa conclusion.

II. AUTRES HEURES.

A Matines, le *Domine labia mea aperies* est chanté tout entier *recto tono* sur la corde *ut* ; et le *Deus in adjutorium*, comme à Vêpres. Les Versets sont aussi

suivis de la neume, suivant le rit. Le reste est
chanté comme il suit :

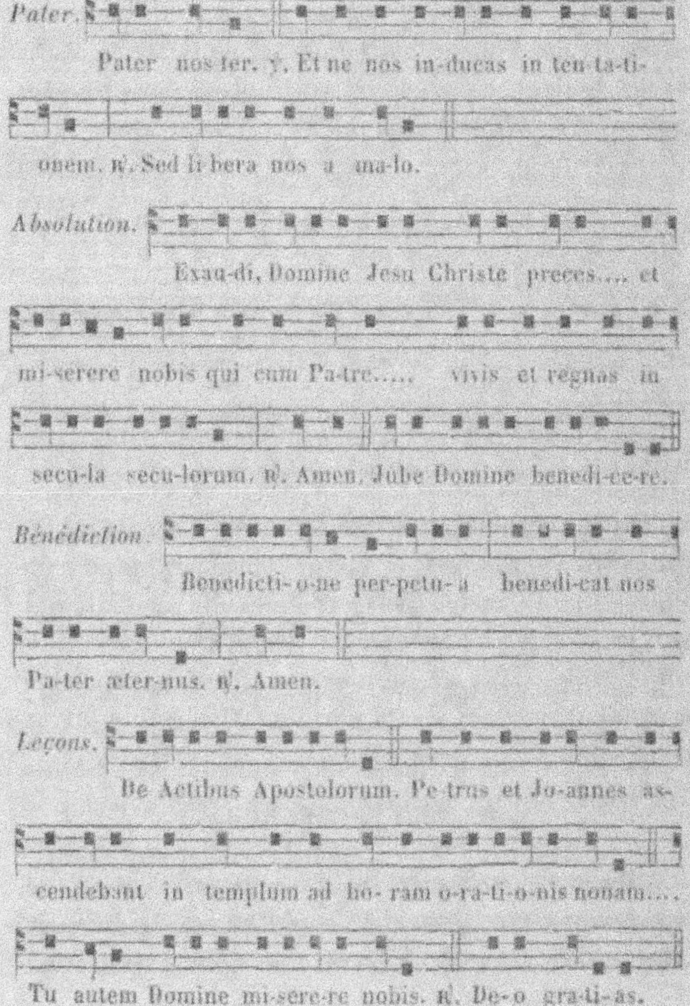

Quand une phrase se termine par un monosyllabe ou un mot hébreu ou un point d'interrogation , on fait les inflexions marquées plus haut.

Laudes. — Elles se chantent comme les Vêpres.

Petites Heures. — Le Verset qui suit le Capitule se chante avec la neume des semi-doubles, excepté aux féries et aux simples. Pour l'Oraison on emploie le ton férial. Le *Benedicamus* se chante comme il suit:

Complies. — La leçon brève se chante comme les leçons de Matines , et la Bénédiction *recto tono* sur la corde *ut* , avec la chute finale sur le *fa.*

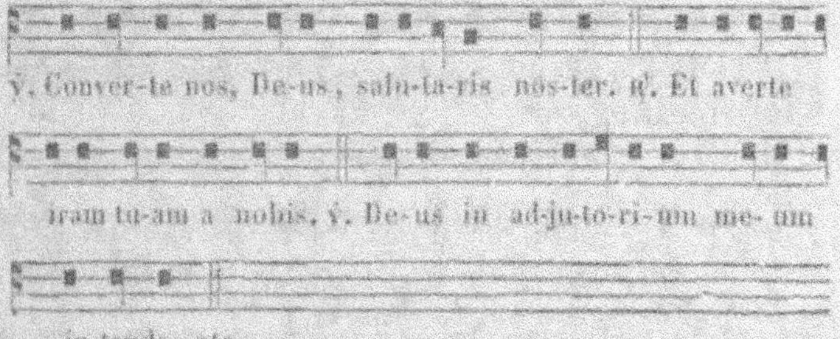

Le verset qui précède *Nunc dimittis* se chante avec la neume, comme aux semi-doubles. L'Oraison est sur le ton férial. Le *Benedicamus* est celui des *Petites Heures.* La Bénédiction se chante comme il suit :

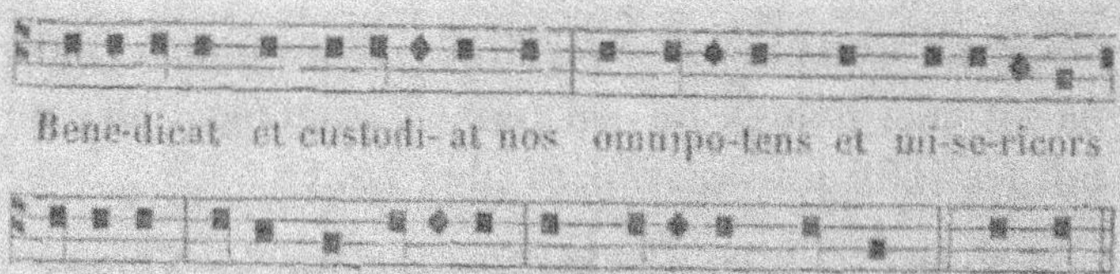

Bene-dicat et custodi- at nos omnipo-tens et mi-se-ricors

Dominus, Pater, et Fi-li-us, et Spi-ri-tus Sanctus. ℟. Amen.

III. MESSE.

ASPERSION ET ORAISONS.

Les Versets se chantent avec la finale *ut la* marquée plus haut, et l'Oraison est sur le second ton férial. — Pour les autres Oraisons on observe ce qui a été dit à l'article des Vêpres.

ÉPÎTRE.

Elle se chante entièrement *recto tono* sur la corde *ut*, en faisant, quand il y a lieu, l'inflexion des points d'interrogation.

PROPHÉTIES.

Le ton des Prophéties est celui des Leçons. Seulement au dernier point, au lieu de faire la chute sur le *fa*, on demeure sur la note *ut*.

ÉVANGILE.

Dominus vo-biscum. ℟. Et cum spi-ri-tu tu-o. Sequenti-a

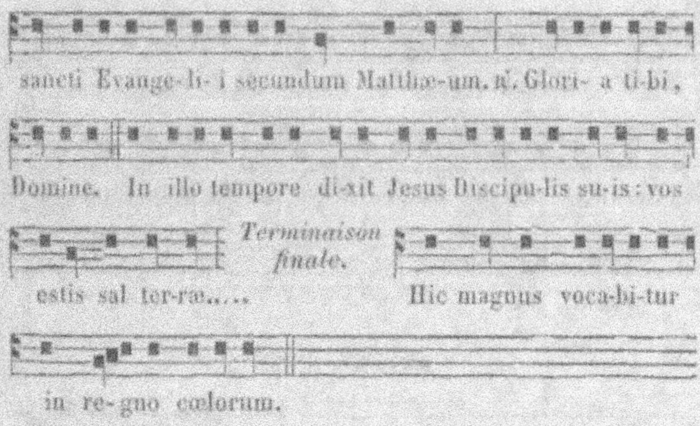

Le point d'interrogation se fait comme à l'ordinaire.

PRÉFACE.

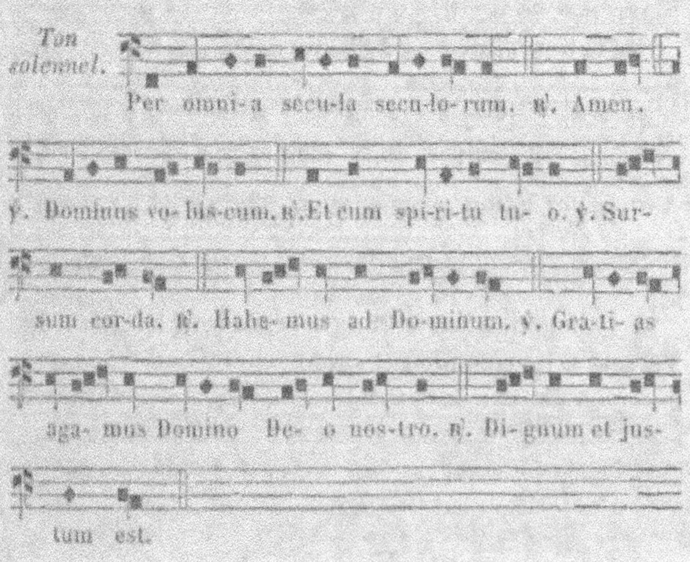

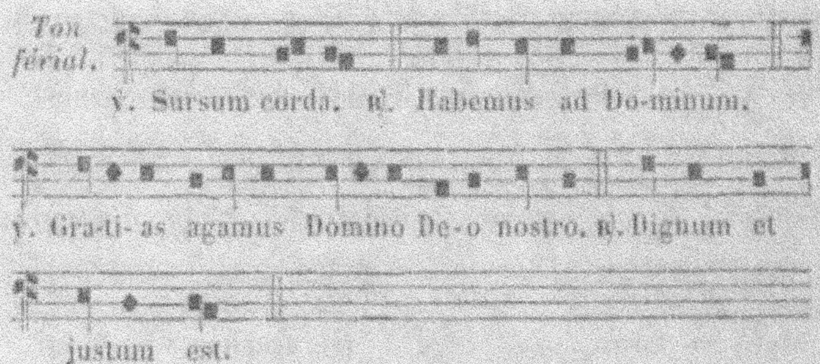

PATER, etc.

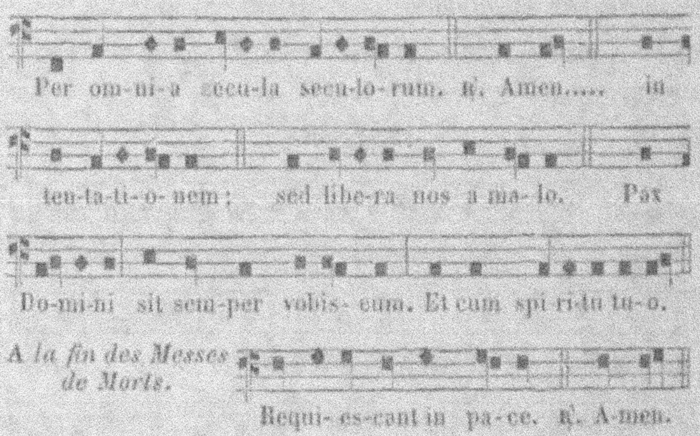

A l'office des Morts et aux Ténèbres, le chant des
Versets a lieu comme il suit :

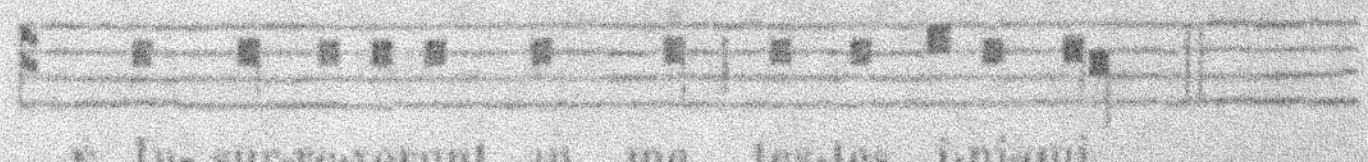

CHAPITRE X.

EXERCICES.

Nᵒ 1. *Unissons.*

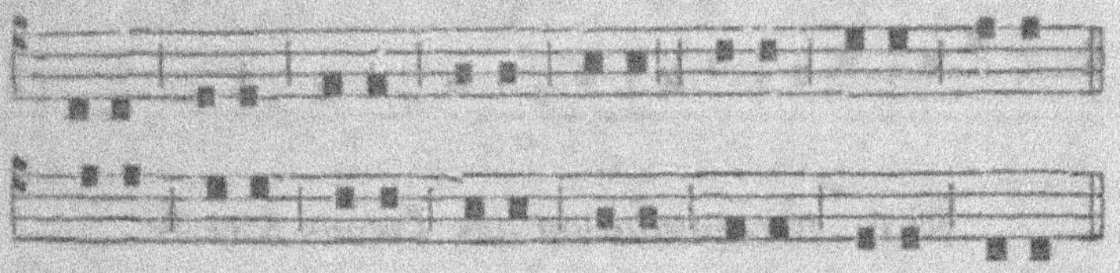

Nᵒ 2. *Secondes.*

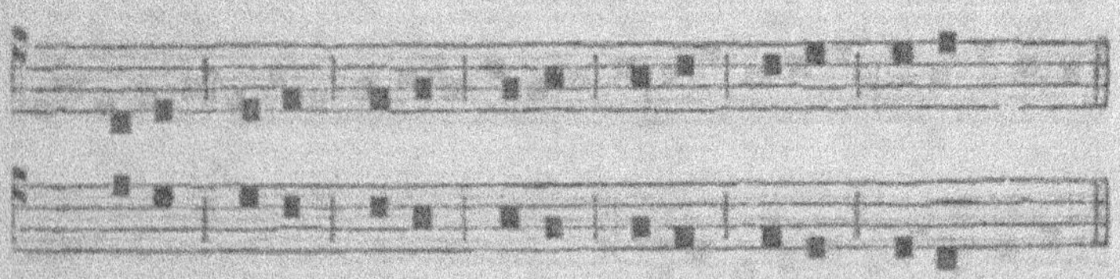

Nᵒ 3. *Unissons et Secondes.*

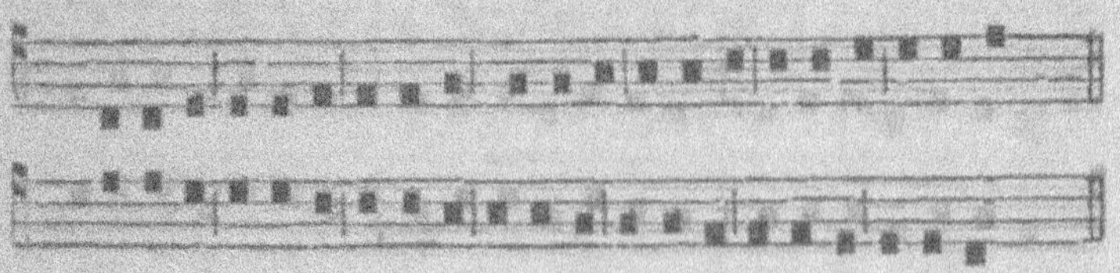

4

N° 4. *Tierces par degrés conjoints.*

N° 5. *Tierces par degrés disjoints.*

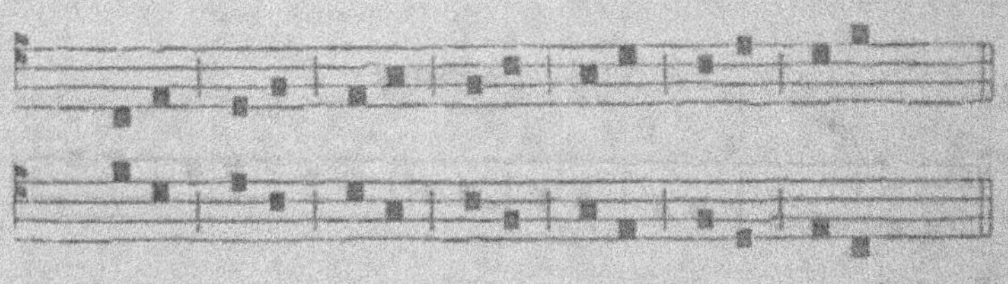

N° 6. *Récapitulation des Leçons 4 et 5.*

N° 7. *Récapitulation des Leçons 1, 2, 4, 5.*

N° 8. Quartes par dégrés conjoints.

N° 9. Quartes par dégrés disjoints.

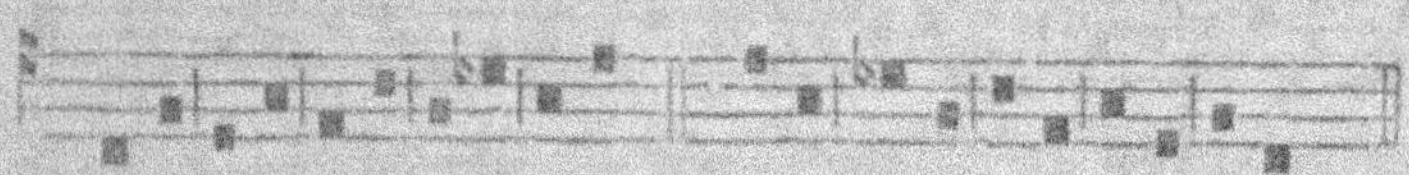

N° 10. Récapitulation des Leçons 8 et 9.

N° 11. *Récapitulation des N°ˢ 1, 2, 5, 8.*

N° 12. *Quintes par degrés conjoints.*

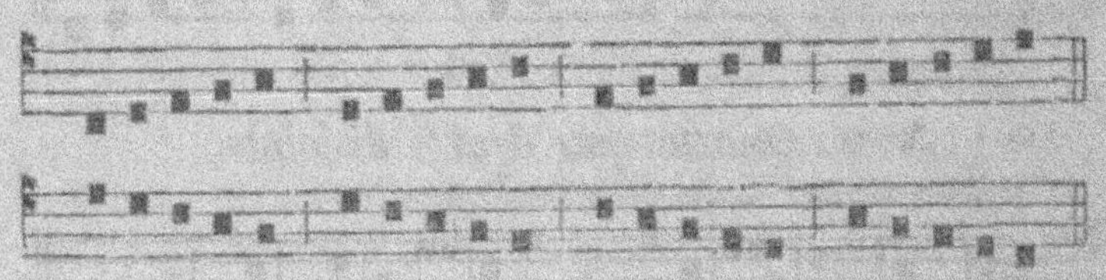

N° 13. *Quintes par degrés disjoints.*

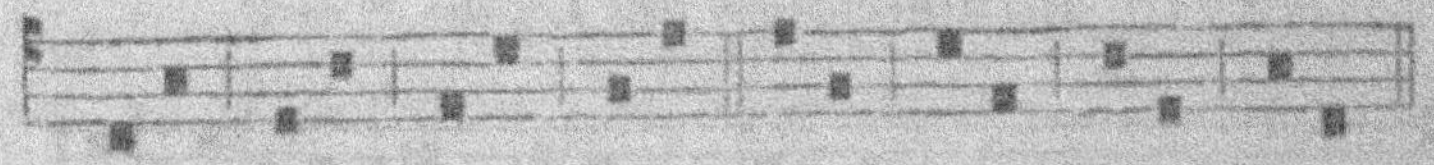

N° 14. *Récapitulation des N°ˢ 12 et 13.*

Nº 15. *Récapitulation des Nºˢ 2, 4, 5, 8, 9, 12.*

Après s'être familiarisé avec les exercices qui précèdent, il sera bon d'apprendre à monter et descendre avec facilité les échelles des différents modes. Il a paru inutile de donner ici ces échelles. On les trouvera aux pages 18 et 21.

Dans la plupart des Traités des Musicologues ecclésiastiques du moyen-âge, on trouve huit mélodies, à l'aide desquelles ils habituaient l'oreille et la voix de leurs élèves aux intonations des huit modes principaux. Les paroles de ces mélodies qu'ils appelaient *modulations des huit modes* commençaient par un nom de nombre correspondant au rang de chaque mode. Ainsi, celle du premier commençait par le mot *primum*; celle du second, par le mot *secundum*, etc. Ces sortes d'Antiennes étaient terminées par une neume. Nous croyons être agréable à nos lecteurs, en reproduisant ici ces huit modulations qui formeront le complément des exercices du Chant ecclésiastique.

1er mode.
Pri-mum quæri-te regnum De-i......
2e mode.
Se-cundum au-tem simi-le est hu-ic......
3e mode.
Ter-ti-a di-es est quod hæc facta sunt
4e mode.
Quar-ta vi-gi-li-a ve-nit ad e-os......
5e mode.
Quinque pruden-tes intraverunt ad nup-ti-as....
6e mode.
Sexta ho-ra sedit supra pu-te-um ....

7e mode.
Sep-tem sunt spiri-tus ante thronum De-i. . . .
8e mode.
Oc-to sunt be- a-ti- tu- dines

TABLE.